OBSÈQUES

DU

PRFOESSEUR PLANCHON

M. Planchon, est mort subitement dimanche soir, vers 9 h. 30, après avoir passé la soirée au milieu de sa famille.

Il était professeur à la Faculté de Médecine et à l'École de Pharmacie, directeur du Jardin des Plantes, Membre correspondant de l'Académie des Sciences et Chevalier de la Légion d'Honneur. Il avait à peine 66 ans, et, bien qu'il ait déjà tant donné à la science, il lui promettait encore beaucoup.

Mardi, à 3 heures de l'après-midi, ont eu lieu ses obsèques. Le cortège, parti du Jardin des Plantes, s'est tout d'abord dirigé vers l'École de Pharmacie, en passant par le faubourg Saint-Jaumes, le boulevard du Peyrou, la rue Nationale et la place de la Préfecture.

Les deux fils du défunt conduisaient le deuil.

Derrière le corbillard, venaient les professeurs des diverses Facultés ayant à leur tête M. le Recteur.

On remarquait, en outre, la présence des diverses notabilités de la ville : M. le Préfet, M. le Maire, etc.

En quittant l'École de Pharmacie, le cortège s'est rendu à la Faculté des Sciences et de là à la Faculté de Médecine, où cinq discours ont été prononcés : le premier, par M. Castan, doyen ; le deuxième, par M. Soubeiran, au nom de l'École de Pharmacie ; le troisième, par M. de Rouville, doyen, au nom de la Faculté des Sciences ; les deux autres, par M. Cazalis, président de la Société centrale d'Agriculture de l'Hérault, et M. Sabut, vice-président de la Société d'Horticulture et d'Histoire naturelle.

Discours de M. CASTAN,

Doyen de la Faculté de Médecine.

Messieurs,

Chargé par la Faculté de Médecine de prendre la parole dans cette funèbre cérémonie, ce n'est pas sans une profonde émotion que je m'acquitte de la mission qui m'est confiée.

En présence de ce cercueil, je ne puis pas ne pas me rappeler qu'il y a quelques jours à peine nous rendions les derniers devoirs à un Collègue dont la mort laissera parmi nous d'impérissables regrets ; que, quelque temps auparavant, d'autres tombes s'étaient prématurément ouvertes ; que, dans l'espace de quelques années, les deuils ont succédé aux deuils, des vides nombreux se sont faits dans nos rangs, et je répète avec le poète :

Ah ! combien depuis peu sont partis pleins de vie !
Sous les cyprès anciens que de saules nouveaux !

La Mort, semblait-il, devait être satisfaite: nous lui avions bien payé un tribut suffisant. Et cependant un coup aussi cruel qu'inattendu vient encore nous atteindre, et nous voici de nouveau réunis devant un cercueil.

Vous savez avec quelle poignante émotion, quelle douloureuse surprise, nous avons appris hier matin la fatale nouvelle. Notre Collègue Planchon, que nous avions vu la veille plein de force et de vie, était mort brusquement, emporté en quelques secondes. La rapidité du coup vient encore ajouter à l'amertume de notre douleur, et, devant la grandeur de l'épreuve, nous nous sentons comme terrassés et nous ne pouvons que pleurer.

N'attendez donc pas de moi que je fasse revivre devant vous le longue et belle carrière de notre regretté Collègue : aussi bien mon incompétence absolue me défend-elle même d'essayer une analyse consciencieuse de ses travaux. Du reste, Planchon n'est venu à nous qu'à une époque où sa carrière scientifique était déjà bien avancée, où ses nombreux travaux lui avaient assigné parmi les naturalistes une place exceptionnelle, où les plus hautes distinctions étaient venues sanctionner et récompenser la valeur de ses recherches. Planchon, en effet, ne nous a appartenu qu'à partir de 1881, et déjà à cette époque il avait publié ses Thèses pour le doctorat ès sciences : *Développements et caractères des vrais et des faux Arilles, suivi de considérations sur les ovules de quelques Véroniques et de l'Avicennia* (1844), et pour le doctorat en médecine: *Des limites de la Concordance entre les formes, la structure, les affinités des plantes et leurs propriétés médicinales* (1851) ; il avait fait paraître de nombreux Mémoires sur divers sujets de Botanique, dont la simple énumération serait beaucoup trop longue. Déjà aussi il avait eu à s'occuper de l'arrangement de l'immense herbier de M. Hooker, directeur du Jardin royal de Kew ; il avait été chargé des fonctions de professeur de Botanique à l'Institut horticole de Gand, fonctions qui le préparaient à celles qu'il devait occuper plus tard, d'abord à Nancy, puis dans notre Université.

Pendant cette période, de hautes distinctions étaient venues le récompenser de ses travaux, et successivement il avait été nommé Officier d'Académie et de l'Instruction publique, Chevalier de la Légion d'Honneur (1866), Membre correspondant de l'Académie de Médecine, Associé de la Société royale de Botanique de Belgique, Correspondant de la Société royale d'Horticulture d'Angleterre, de la Société italienne des Sciences naturelles, Officier de la Couronne d'Italie, Membre étranger de la Société Linnéenne de Londres et de l'Académie royale des Sciences de Madrid ; et enfin, le 5 avril 1872, Correspondant de l'Institut, la plus haute récompense que puisse ambitionner un savant de province.

Déjà enfin il avait enseigné pendant un grand nombre d'années à l'École supérieure de Pharmacie et à la Faculté des Sciences, qui voulut bien consentir à se séparer de lui pour le laisser venir à nous. Je sais que ce ne fut pas sans les plus amers regrets que notre Collègue laissa cet Établissement, où il n'avait compté que des succès, où il ne laissait que des amis. Mais il se souvenait qu'au début de sa carrière il avait concouru, et non sans éclat, pour la chaire de Botanique de la Faculté de Médecine, et il voulait réaliser le rêve de sa jeunesse scientifique. En outre, la Direction du Jardin des Plantes l'attirait ; c'était au milieu de ses fleurs, de ses plantes qu'il aimait à vivre : il retrouvait dans notre Jardin cette belle nature dont il resta toujours l'amant fidèle et passionné.

Nous avions été heureux et fiers de l'accueillir : il nous apportait un nom illustre, un dévouement absolu à notre œuvre, une habitude de l'enseignement qui devait bien vite lui attirer la faveur et la confiance de nos élèves, une activité scientifique qui ne devait s'éteindre qu'avec sa vie. C'est en effet pendant cette dernière période de son existence qu'il a publié dans différents recueils de nombreux et importants travaux, parmi lesquels il faut signaler sa magnifique monographie des *Ampélidées*, à laquelle il venait ces jours-ci de mettre la dernière main, et divers articles dans la *Revue des Deux-Mondes* sur les *Eucalyptus* et les *Truffes*, qui dénotaient chez lui un rare talent de vulgarisation.

C'est aussi pendant les années passées au milieu de nous qu'il a poursuivi avec une ténacité remarquable ses belles études sur le Phylloxera et les Vignes américaines. Ce n'est pas à moi qu'il appartient d'apprécier la valeur de ces recherches ; mais qu'il me soit au moins permis de constater qu'ici Planchon nous apparaît non seulement comme le chercheur patient et infatigable, comme le savant se dévouant entièrement à la recherche d'une découverte scientifique, mais aussi comme le bienfaiteur désintéressé de nos contrées méridionales. Dans cette lutte incessante contre un terrible ennemi, Planchon ne se découragea pas un instant, sa foi le soutint ; le succès a couronné aujourd'hui ses efforts. Et si aucune récompense nouvelle n'est venue l'encourager au moment de la lutte, c'est à nous à proclamer bien haut que la reconnaissance de nos populations méridionales doit lui rester à jamais acquise, que son nom doit être conservé parmi nous à côté de ceux de Parmentier, d'Édouard Adam et des autres bienfaiteurs de nos populations agricoles.

On reste comme ébloui devant l'œuvre considérable de Planchon ; on est moins étonné quand on connaît l'amour ardent que de bonne heure notre regretté Collègue montra pour le travail. On comprend alors comment, dès l'âge de 21 ans, il avait pu conquérir son grade de docteur ès sciences ; comment, à 28 ans, il était capable d'affronter le concours pour le Professorat, et à 30 ans était désigné pour remplacer dans sa chaire le professeur Dunal, auquel quelques années après il devait succéder.

La fin d'une vie si magnifiquement remplie est bien faite pour exciter en nous les plus amers regrets ; et nous ne pouvons que pleurer le Maître éminent qui illustra dans notre Faculté l'enseignement des Sciences naturelles.

Et cependant, n'est-il pas vrai que notre douleur s'accroît encore au souvenir des qualités aimables de l'excellent Collègue que nous perdons ? Pourrons-nous en effet jamais oublier cette physionomie douce et bienveillante, sur laquelle venaient se refléter la pureté de l'âme, l'excellence du cœur ! Planchon croyait au bien, ne soupçonnait jamais le mal ; il était l'homme de la paix et de la conciliation ; aussi les relations avec lui étaient-elles toujours empreintes de la cordialité la plus parfaite, et ce n'est pas sans un véritable déchirement de cœur que je songe que sa place va désormais rester vide au milieu de nous. Se souvenant des difficultés qu'il avait rencontrées au début de sa carrière, il accueillait toujours les élèves avec la plus grande bienveillance ; il savait les encourager et les diriger. D'une modestie sans égale, il recevait avec une sorte de tremblement, et sans jamais les rechercher, les distinctions qu'on lui offrait, craignant toujours de ne pas les avoir suffisamment méritées ou d'en priver un Collègue qu'il jugeait plus digne. La mort l'a saisi brusquement, mais ne l'a pas surpris ; il en parlait souvent et aimait à la considérer comme une transition naturelle entre le séjour d'ici-bas et la vie éternelle, à laquelle il croyait fermement, et dont il est entré désormais en possession.

La mort de Planchon est un grand deuil : à sa famille désolée, qui ne retrouvera plus le père, l'époux qui aimait tant venir à son foyer se reposer de ses travaux, nous offrons l'expression de notre plus sincère et plus profonde sympathie. Mais la famille de notre Collègue n'est pas seule frappée. Notre Cité, qui avait été heureuse de l'adopter, perd en lui un de ses enfants les plus illustres ; la science, un de ses serviteurs les plus fidèles et les plus dévoués ; nous tous enfin, un Collègue que nous étions heureux d'entourer de notre affection et de notre respect.

Chers Colllègues, les deuils et les épreuves se sont accumulés sur nous ; mais ne nous laissons pas abattre. Les hommes du premier rang sont tombés, et nous ne pouvons plus nous abriter derrière eux ; prenons de leurs vaillantes mains le drapeau qu'ils nous transmettent ; comme eux tenons-le haut et ferme ; suivons leurs exemples : mieux encore que par des cérémonies ou des discours, nous honorerons ainsi leur mémoire.

Discours de **M SOUBEIRAN**,

Professeur à l'École Supérieure de Pharmacie.

Messieurs,

Je viens, au nom de l'École supérieure de Pharmacie, adresser un dernier adieu à notre cher Collègue, Jules-Émile Planchon, que la mort vient de nous enlever si inopinément.

Déjà on vous a dit ce que Planchon avait été, quels ont été ses travaux dans les diverses branches de l'Histoire naturelle, en botanique surtout. Je ne vous parlerai donc que des travaux de Planchon qui se rapportent plus directement à la Pharmacie. Mais ce n'est pas sur le bord d'une tombe qu'on peut analyser froidement les ouvrages d'un Collègue qu'on vient de perdre ; aussi je me bornerai à vous signaler les principaux de ces ouvrages.

Planchon commença ses études pharmaceutiques chez Teulon, puis il entra comme élève à la pharmacie Lutrand ; il poursuivit en même temps ses études en médecine et en histoire naturelle ; avec quel succès : il me suffit de dire qu'il fut docteur ès sciences à 21 ans !

En 1856, il soutint brillamment devant l'École supérieure de Pharmacie de Paris une Thèse sur *les Hermodactes au point de vue botanique et pharmaceutique.*

Cinq ans avant, en 1851, il avait conquis le titre de docteur en médecine avec une Thèse: *Des limites de la concordance entre les formes, la structure, les affinités des plantes et leurs propriétés médicinales.*

D'autre part, parmi ses Mémoires intéressant plus spécialement la Pharmacie, nous trouvons :

Mémoire sur la famille des Guttifères (en collaboration avec M. Triana).

Mémoire sur la famille des Simaroubées.

Sur la famille des Linées.

La Pharmacie à Montpellier depuis son origine jusqu'à la fondation d'une École spéciale, discours qu'il prononça, comme Directeur de notre École, à la séance de rentrée des Facultés en 1861.

Élève de Dunal, Delile et Aug. de Saint-Hilaire, Planchon suivit les traces de ces illustres Maîtres et s'adonna surtout à la botanique philosophique et descriptive. Le temps est loin déjà où, tous deux encore étudiants, nous assistions aux leçons du vénérable Aug. de Saint-Hilaire, si bon, si paternel pour tous ceux qui aimaient la botanique. et je me souviens encore de l'ardeur avec laquelle Planchon nous entretenait des diverses questions que venait de traiter notre cher Professeur.

Mais ce n'est pas seulement le savant, que nous avons perdu, dont l'absence laissera un grand vide parmi nous : nous pleurons la perte d'un ami. Il n'est pas mort tout entier: il laisse des fils qui tiendront à honneur de marcher dans la voie qu'il leur a tracée.

Adieu, cher Collègue, ou, pour mieux dire: au revoir, au revoir ! Car votre intelligence n'est pas détruite, comme l'est votre corps : elle vit dans cette Nature que vous avez tant aimée, que vous avez si bien étudiée. Le souvenir de vos rares qualités subsiste dans le cœur de vos fils, de votre famille bien-aimée et de tous ceux qui ont eu le bonheur de vous rencontrer.

Non, ce n'est pas un éternel adieu que nous vous adressons :

> Quoi ! l'Univers dans sa magnificence
> Ne serait qu'un tombeau sanglant,
> Et la route de l'existence
> Aurait pour terme le néant !
> La mort est un affreux mensonge,
> La vie est la réalité ;
> L'agonie est un triste songe
> Dont le réveil est l'immortalité.

Au revoir, cher Confrère, au revoir !

Discours de **M. P. De ROUVILLE**,

Doyen de la Faculté des Sciences.

MESSIEURS,

La mort, de sa façon brutale trop souvent renouvelée, vient d'arrêter brusquement une existence dont le temps avait respecté l'activité, de glacer un cœur brûlant de pures affections et de bienveillance envers tous, de paralyser, dans ses conditions actuelles, une intelligence dont les manifestations, ininterrompues durant quarante années, ont fait l'honneur de l'Enseignement supérieur et de la Science française, l'illustration de notre pays, et, il faut ajouter, le relèvement de sa fortune agricole.

A tous ces titres, c'est un grand deuil, Messieurs, que nous menons.

L'éclat des services rendus par Émile Planchon ne permet pas qu'on épuise sur le bord de sa tombe ses longs titres à nos hommages et à notre gratitude ; les voix autorisées que vous venez d'entendre se sont reconnues elles-mêmes impuissantes à relever, dès ce moment, tous les traits d'une carrière aussi remplie ; ses multiples travaux seront un jour retracés et loués comme il convient.

Qu'il nous soit permis seulement, en notre qualité de Doyen

d'une Faculté qui s'honore de l'avoir compté dans ses rangs pendant plus d'un quart de siècle, de témoigner de nos profonds regrets de sa disparition ; en notre qualité de vieil ami, de mêler, un instant, les épanchements d'une longue affection à l'expression de votre douleur à tous.

Cher et regretté Collègue, tu as illustré par tes publications, qui ont reçu de bonne heure la plus haute sanction qu'un savant puisse ambitionner, la chaire de notre ancien et vénéré Doyen, de ton Maître Dunal.

Savant aussi profond qu'aimable, tu t'es montré, dans tes écrits, constamment fidèle à ce respect de la forme qui fera éternellement le caractère du génie scientifique français. Vaillant fils de tes œuvres, tu as appris à plus d'un, par ton fortifiant exemple, l'austère discipline du travail persévérant.

Ami fidèle et sûr, par le contact vivifiant de tes éminentes qualités morales que ne parvenait pas à voiler ta modestie, par la vertu de ta nature foncièrement indulgente et optimiste, tu as soutenu plus d'une défaillance, calmé plus d'une irritation, provoqué plus d'un rapprochement.

Ta bonté, parfum de ta vie, comme celui de tes amies, les fleurs, embaumait quiconque se mouvait dans ton atmosphère.

Sois remercié au nom de tous ceux, et ils sont nombreux, qui t'ont approché. Car ils ont tous reçu de toi quelque chose : accueil hospitalier, aide, encouragement, influence toujours salutaire de l'homme de bien.

Ta mémoire sereine et pure accompagnera jusqu'à la fin tes vieux amis ; de ces régions nouvelles que tu habites aujourd'hui, et que tu as plus d'une fois hantées par anticipation dans les élans pieux d'une âme planant habituellement au-dessus des passions d'ici-bas, tu nous assisteras, par ton souvenir, dans les derniers efforts que nous avons à faire, pour mériter, comme toi, d'avoir été aimé et d'être regretté de tous.

Adieu, cher Collègue et Ami, adieu et au revoir !

Discours de M. Frédéric CAZALIS,

Président de la Société centrale d'Agriculture de l'Hérault.

MESSIEURS,

Les discours qui viennent d'être prononcés sur ce cercueil vous ont déjà fait apprécier les travaux et les qualités éminentes du savant et de l'homme de cœur qu'une mort prématurée vient d'enlever si brusquement à la science, à sa famille et à ses nombreux amis.

La Société d'Agriculture de l'Hérault doit à son tour rendre hommage au Collègue illustre qui, depuis trente années, prenait part à tous ses travaux et qui a jeté sur elle un si vif éclat.

Lorsque, en 1869, la Société d'Agriculture de l'Hérault fut appelée en Provence pour étudier la nouvelle maladie qui sévissait sur quelques vignes, Planchon fit partie de la Commission qui découvrit, la première, la cause du mal. C'est alors qu'il se consacra, avec une ardeur et une patience que rien ne pouvait lasser, à l'étude de l'insecte dévastateur dont les progrès rapides menaçaient d'une destruction prochaine les principaux vignobles de la France.

Les études qui se poursuivaient de toute part pour trouver des moyens pratiques de combattre le Phylloxera ne donnèrent dans le principe que des résultats incertains.

L'origine de l'insecte n'était pas encore connue ; mais lorsqu'on apprit, par des recherches auxquelles Planchon prit la plus large part, que le Phylloxera avait été importé d'Amérique ; lorsqu'on eut en outre connaissance de la résistance qu'opposaient à cet insecte certains cépages américains cultivés depuis longtemps dans la Gironde, l'attention des viticulteurs commença a se préoccuper du rôle utile que les vignes américaines pourraient remplir pour la reconstitution de nos vignobles, et ce fut alors que la Société d'Agriculture crut devoir confier à son savant botaniste la mission de se rendre en Amérique pour étudier les diverses espèces de vignes des États-Unis et juger par lui-même des services qu'elles pourraient rendre dans notre pays.

Ce n'est pas ici le moment de faire ressortir toute l'importance de cette mission ; mais nous pouvons dire, sans diminuer en rien le mérite de tous ceux qui ont travaillé à l'œuvre de la reconstitution de nos vignobles, que la foi ardente de Planchon dans le succès, par l'emploi des vignes américaines, a stimulé l'ardeur de tous, et que si aujourd'hui nos plaines et nos coteaux se recouvrent de pampres verdoyants, promettant d'abondantes récoltes, c'est à ses savantes recherches, à ses conseils qu'il prodiguait à tous, et, j'ajouterai aussi, à ses exemples que sont dus en grande partie des résultats si importants.

Ce ne sera pas là une des moindres gloires de notre savant Collègue, et nos populations reconnaissantes inscriront son nom sur la liste des bienfaiteurs de l'humanité.

Adieu, Planchon, adieu, cher Collègue et ami ; tu laisses dans notre Société d'Agriculture une place qu'avaient avant toi illustrée les Martins, les Dunal, les Delile et les Gouan. Puissions-nous la voir occupée un jour par ton fils, si désireux de marcher sur tes traces et qui, nous en avons la ferme assurance, saura porter dignement le nom que tu lui as légué.

Discours de M. Félix SAHUT,

Vice-Président de la Société d'Horticulture et d'Histoire naturelle.

Je viens, au nom de la Société d'Horticulture et d'Histoire naturelle de l'Hérault, exprimer ses regrets unanimes pour la perte irréparable qu'elle vient de faire en la personne de son vénéré Président, et témoigner de sa reconnaissance pour les nombreux et importants services qu'il lui a toujours rendus.

Jules-Émile Planchon avait été pour notre Société l'ouvrier de la première heure : il avait contribué à sa fondation et n'avait jamais cessé un seul instant de s'intéresser à son développement, de prendre une part active à ses travaux. Quand elle fut fondée, en 1860, par quelques amis des plantes, dont plusieurs, hélas !— et des meilleurs—sont déjà descendus dans la tombe, notre Société à peine naissante avait vu venir à elle un concours empressé de praticiens et d'amateurs distingués d'Horticulture. Planchon avait contribué à ce résultat pour une très large part ; aussi fut-il choisi tout d'abord pour occuper l'une des fonctions de vice-président, et pendant vingt-sept années consécutives son élection a-t-elle été chaque fois toujours renouvelée. Enfin, en décembre dernier, les suffrages de ses Collègues l'avaient élevé à la présidence, dont il était digne à tous égards. C'était là d'ailleurs, et en dehors de son incontestable valeur scientifique, le signe manifeste de l'estime que Planchon avait su inspirer à tous les membres de la Société, autant que le témoignage éclatant de la parfaite aménité de son caractère et de son exquise courtoisie. Ceux qui, pendant cette longue période, l'ont vu constamment à l'œuvre, doivent lui rendre cette justice que son influence bienfaisante a contribué puissamment au développement progressif de l'Horticulture en général et du goût des fleurs en particulier, dans toute notre région méridionale.

Des voix plus autorisées que la mienne vous ont déjà dit quels ont été les services éminents que Planchon a rendus à la Science. Permettez-moi cependant de rappeler ici quelques-uns de ses travaux botaniques, de ceux qui intéressent plus particulièrement l'Horticulture.

Attaché d'abord au Muséum de Kiew, dont il avait contribué, quoique fort jeune encore, à classer les riches herbiers, Planchon s'exerça ainsi de bonne heure à la détermination exacte et à la description scientifique des familles, des genres et des espèces de plantes. Doué d'une activité sans égale, mise au service d'un esprit essentiellement méthodique, il sut acquérir promptement les plus vastes connaissances en botanique descriptive, et Louis Van Houtte, le célèbre horticulteur de Gand, qui avait su les apprécier, lui confia bientôt la direction de la *Flore des serres et des jardins de l'Europe.* Grâce à la savante impulsion que Planchon sut lui donner, ce recueil devint bientôt l'une des plus intéressantes publications botaniques et horticoles du monde entier, et c'est par centaines, presque par milliers, qu'on peut compter les descriptions de plantes nouvelles qu'il y a successivement publiées.

Nous l'avons vu ensuite enrichir le *Bulletin de la Société Botanique de France,* ainsi que les *Annales* de notre Société, d'études aussi savantes qu'intéressantes sur de nombreuses questions d'Histoire naturelle, et particulièrement de Botanique et d'Horticulture ; elles étaient toujours écrites dans ce style attrayant, plein d'élégance dans sa simplicité et dont il possédait supérieurement le secret. Nous devons à sa plume autorisée plusieurs monographies de familles et de genres de plantes, dans lesquelles on admire à chaque page la sûreté des déterminations et la rigoureuse exactitude des descriptions. Plusieurs de ces monographies ont été publiées dans le *Prodromus*, ce recueil incomparable de classification botanique fondé par Pyrame de Candolle, l'un des savants prédécesseurs de Planchon à la Faculté de Médecine et à la direction de notre beau Jardin des Plantes.

Très assidu à nos séances, et quoique absorbé par de multiples fonctions, notre regretté Président se montrait toujours heureux de se retrouver au milieu de ses Collègues de la Société. Nous profitions tous de sa vaste érudition scientifique, qui nous aidait puissamment à élucider les questions mises à l'étude, et sa mort prématurée laissera maintenant un grand vide parmi nous. C'est le partage des âmes d'élite, c'est le privilège des hommes de bien, de laisser des traces ineffaçables de leur passage et un souvenir impérissable chez tous ceux qui les ont connus. Planchon était de ceux-là, et sa mémoire restera profondément gravée dans le cœur de ses nombreux amis, comme un exemple que nous voudrons tous suivre, comme un modèle que, tous aussi, nous chercherons sans cesse à imiter.

Montpellier. — Typographie et Lithographie Charles Boehm.